Für alle, die sich in diesen Geschichten wiedererkennen.

Für alle, die sich nie erlauben, Schwäche zu zeigen, weil sie glauben, sie müssten immer stark sein.

Ihr seid nicht allein.

© 2019 Lena-Elea Hopf

Herstellung und Verlag: BoD – Books on Demand, Norderstedt

Autor: Lena-Elea Hopf

Lektorat: Margit Geyling

ISBN: 9783748107972

Bibliografische Information der Deutschen Nationalbibliothek: Die Deutsche Nationalbibliothek verzeichnet diese Publikation in der Deutschen Nationalbibliografie; detaillierte bibliografische Daten sind im Internet über http://dnb.d-nb.de abrufbar.

Lena-Elea Hopf

nachtsohnelicht.

Inhalt

Wenn es dunkel ist und kein bisschen Licht mein Zimmer erhellt und alles still ist; so still, dass meine Gedanken immer lauter werden. Sie schreien förmlich. Wenn die Straßen leer sind und keine einzige Menschenseele weit und breit. Dann schreib ich meine besten Texte und lasse alles fließen. Alle Gedanken und Gefühle, die ich doch sonst so schwer in Worte fassen kann und auch die Tränen wische ich nicht weg, weil sie ja keiner sieht. Das ist das Geheimnis zwischen mir und der Nacht, denn wenn ich meine schönen Stunden mit der Sonne verbringe, so sieht mich der Mond doch eher so wie ich bin. Ein Gedanke folgt dem anderen. Vielleicht ist das der Grund dafür, dass so viel von dir in diesen Zeilen steckt. Und auch, wenn alles okay zu sein scheint, kommen in der Nacht nicht nur die Dunkelheit, sondern auch die Zweifel. Die Zweifel an ihm, an dir und vor allem an mir selbst. Nachts ohne Licht. Das ist meine Zeit.

Der Himmel

Das Zwischenuns

Du, du, immer du. Wenn ich nachts wach liege, weil ich nicht aufhören kann, an dich zu denken, dann denke ich daran, was das wohl zwischen uns ist. Ein Funken, ein Lachen, ein Blick. Immer nur du in meinem Kopf. In meinen Gedanken, wenn ich mich nachts frage, was ich für dich bin. Du mit deinem charmanten Lächeln, dein Kaugummiatem, das Leuchten in deinen dunkelbraunen Augen, wenn du mich wieder so ansiehst. Und wenn du neben mir sitzt auf der Parkbank und dir mit deiner Künstlerhand durch die Haare fährst und verschmitzt lachst und mich ansiehst, dann frage ich mich jedes Mal, was ich für dich bin. Du mit deiner Kunst, deinen Bildern, deinen Skizzen und Projekten. Und wenn du nachts wieder wach bist, weil du viel zu lang an deiner Arbeit sitzt, bis die Sonne aufgeht und sie den Himmel in rote Farbe taucht, dann frage ich mich, ob du an mich denkst und dich fragst, was du für mich bist. Dein Kaugummiatem, deine Augen und dein Lächeln, oh Gott dieses Lächeln, deine Hände und alles, was du sagst. Das alles ist in meinem Kopf, wenn ich nachts nicht schlafen kann, weil ich mich frage, was das zwischen uns ist und was ich für dich bin. Oh Gott, was ich für dich bin.

Wenn wir durch den Park spazieren und über alles reden, was uns in den Sinn kommt. Über Hobbys, über die Zukunft oder über Schicksal. Ich will alles wissen. All das, was du nie jemandem erzählt hast, weil du dachtest, dass es peinlich ist oder nicht wichtig genug. Du bist wichtig genug. Und wenn du so erzählst und wir so nebeneinander gehen, dann möchte ich deine Hand nehmen. Möchte dir zeigen „Hier, ich bin da. Ich höre dir zu", aber ich traue mich nicht, denn ich weiß nicht, was das zwischen uns ist. Und wenn wir auf der Bank sitzen und du wieder lachst, wieder genauso wie schon so oft und dir durch die Haare fährst mit deiner Künstlerhand, dann möchte ich mich anlehnen und dir sagen „Ich bleibe bei dir", aber ich traue mich nicht, denn du bist so nah und doch so unerreichbar. Ob es nur ein Funken ist oder ein Brand, der lodert und der sich ausbreitet oder ob es nur ein Streichholz war, das längst wieder abgebrannt ist? Wenn wir nebeneinander hergehen und du mir Geschichten erzählst, dann würde ich am liebsten anhalten. Festhalten. Den Moment und dich. Möchte dich einfach nur ansehen und lächeln und froh darüber sein, dass ich dich kenne. Und du würdest zurücklächeln und sagen „Ich bin froh, dass ich dich habe", aber ich traue mich nicht, denn ich weiß nicht, was das zwischen uns ist.

Vielleicht später

Ich weiß nicht, was ich denken soll. Warum konntest du mir keine endgültige Antwort geben? Etwa so was wie „Nein, aus uns wird nichts" oder „Ich möchte nur mit dir befreundet sein". Was ist daran so schwer? So lässt du mich über der Klippe hängen, gehalten von dünnen Fäden namens „Hoffnung" und „Vielleicht ja doch". „Vielleicht später", hast du gesagt. Aber das bringt mir nichts. Du kannst mein Herz nicht in Flammen setzen und dich dann nicht darum scheren, es wenigstens wieder zu löschen, wenn du es schon nicht am Brennen halten willst. Du weißt nicht, welchen Schaden du anrichten könntest. Abgesehen davon, dass ich diesen Schaden nicht zulassen kann. Denn zurzeit bin ich mal wieder zufrieden, alles ist ganz okay. Vielleicht aber auch nur, weil ich dachte, es könnte was werden. Aus uns, meine ich. Aber schlimmer als eine Abfuhr zu bekommen, ist nur die Ungewissheit, ob man nicht vielleicht doch noch eine bekommen könnte. Später eben. Vielleicht. Ein furchtbares Wort und eine Situation, die mich in den Wahnsinn treibt. Es hätte alles so einfach sein können. Eine simple Antwort von „Ja" oder „Nein". Aber du wähltest den Mittelweg, der ja sonst auch immer passt. Nur eben nicht jetzt. Vielleicht.

Vielleicht lerne ich in ein paar Wochen jemand Neues kennen, für den ich mehr bin als nur ein „Vielleicht später". Ein „Lass es uns locker angehen und schauen, was draus wird." Obwohl ich dich verstehen kann, kann ich nicht aufhören, darüber nachzudenken. Das macht mich traurig und ich weiß nicht, wie ich es abwenden kann. Ich möchte kein „Vielleicht später" sein. Nur einmal in meinem Leben möchte ich für jemanden ein deutliches, eindeutiges „Ja" sein. Vielleicht verlange ich zu viel. Vielleicht bekomme ich all das später. Vielleicht von dir, wenn du dir darüber im Klaren bist, was du nun wirklich willst. Vielleicht triffst du dich auch gerade mit anderen Frauen und wanderst von Bett zu Bett. Verdenken kann ich es dir nicht. Und auch obwohl ich keinen Anspruch auf dich habe, weil du niemals mir gehören wirst, macht mich der Gedanke von dir mit einer anderen Frau traurig. Vielleicht gehörst du mir später und ich dir und wir leben glücklich, bis wir alt und schrumpelig sind und uns die Zähne ausfallen. Aber vielleicht auch nicht. Ich hoffe, du merkst, wie schlimm so ein „Vielleicht" ist.

Du machst mich

Verrückt.

Wenn ich deine Blume wäre

Wenn ich deine Blume wäre, würde ich mich jeden Tag besonders zurechtmachen. Ich würde versuchen, so sehr zu strahlen, wie ich nur kann, damit du mich siehst. Ich würde jeden Tag hoffen, dass du dich freust, wenn du mich siehst, weil ich so schön bin. Wenn ich deine Blume wäre, würde meine einzige Aufgabe darin bestehen, schön für dich zu sein, weil du nur das Beste verdienst. Ich wäre den ganzen Tag damit beschäftigt, darüber nachzudenken, ob ich die schönste Blume in deinem Garten bin. Wenn ich deine Blume wäre, würdest du mir Wasser geben, damit ich weiter wachsen kann. Ich würde jeden Tag aufs Neue versuchen, mehr aufzublühen und schöner zu werden. Wenn ich deine Blume wäre, würde ich mir jeden Tag wünschen, dass du mich pflückst und mit nach Hause nimmst, damit ich sehen kann, wie glücklich ich dich mache. Aber würdest du mich pflücken, würde ich sterben. Wenn ich deine Blume wäre und du meine Sonne, wärst du der Grund meines Lebens und wenn du gehst, würde alles Leben in mir vergehen.

Wenn ich deine Blume wäre, wäre ich jetzt tot.

Aber ich bin nicht deine Blume und du nicht meine Sonne.

Ein halber Sommer

Wir hatten nur einen halben Sommer, bevor sich alles verlor. Nur wenige Monate, in denen alles so schnell ging. So viele Eindrücke auf einmal, sodass meine Gedanken gar nicht hinterher kamen. Das kam erst später, als bereits alles wieder bergab ging. Jetzt ist es sowieso vorbei. Aber ich weiß, dass ich dir immer wieder zurückschreiben werde, auch wenn ich mir vornehme, es nicht zu tun. Aber du siehst nicht, dass ich für dich falle. Keine Ahnung, wieso es immer die bösen Jungs sind, die Frauen anziehen. Aber du tust es und du bist viel zu gut darin. Wir hatten nur einen halben Sommer, um uns kennenzulernen und jetzt nach weiteren Monaten sind wir uns wieder fremd, fast so fremd wie anfangs. Ich denke gern an den Sommer zurück. An unsere wenigen Treffen, bei denen es mir aber trotzdem immer so gut ging und wir über alles geredet haben. Wir saßen stundenlang in der Sonne und haben gelacht. Dein Lachen war so schön, obwohl ich wohl nie der Grund dafür war. Nur einen halben Sommer hast du gebraucht, um mir den Kopf zu verdrehen und jetzt muss ich zusehen, dass ich mir nicht das Genick breche.

- Wir hatten seitdem nie wieder Kontakt

Zum ersten Mal

Ich weiß noch genau, wie ich mich gefühlt habe, als ich dich das erste Mal sah. Du bist mit deinem Auto an mir vorbeigefahren und hast mich angelächelt. Ich bin stehen geblieben und war gleich hin und weg. Ich war so geflasht von deinem Lächeln und deinen Augen, dass ich alles andere hätte vergessen können. Im Prinzip habe ich mich in alles von dir verknallt. Auch in deinen Humor, deine ständige Liebe zur Arbeit, deine Stimme. Hätte ich damals im Sommer gewusst, wie es mit uns weitergehen würde, wäre ich wohl einfach weggegangen, ohne dich je zu treffen. Denn wenn ich an all diese Dinge denke, hab ich einen Kloß im Hals, weil ich mir wünsche, es wäre immer noch so wie damals im Sommer. Ich hab keine Ahnung, was du mit mir gemacht hast, aber es gefällt mir nicht. Alles ist besser, als nichts zu wissen. Aber bist du nicht ehrlich, bin ich es auch nicht zu dir. Und deswegen werde ich dir all diese Dinge nicht erzählen und du wirst erst hier erfahren, wenn du das jemals lesen wirst, wie ich mich gefühlt habe. Peinlich irgendwie, aber ich kann es nicht ändern. Ich wünschte, wir hätten uns nie getroffen, denn so schön der Anfang war, desto trauriger werde ich am Ende.

You had me at habubu

Unser erstes Treffen ist immer noch ganz deutlich in meinen Kopf gebrannt. Wir sind zusammen zu dem kleinen Café gelaufen, den Marktplatz entlang und haben viel geredet. Du hast mir von deinem Studium erzählt und dass du liebst, was du tust. Du hast mir erzählt, dass du neulich in Berlin warst bei deinen Freunden und gefeiert habt ihr auch. Du hast mir von diesem schicken Szeneclub erzählt, bei dem ihr so lange angestanden habt und fast nicht reingekommen wärt. Am Eingang hätte eine Frau mit Kopftuch gestanden, die zu dir „Habibi" gesagt hätte. Du hättest „Habubu" geantwortet und sie hätte euch danach reingelassen, weil sie das süß fand. Ich fand das auch süß. Und als du das erzählst und dann so süß lachst, merke ich, dass du mich schon mit diesem Witz rumgekriegt hast.

Das Ende

Das hier ist das Ende unserer Geschichte. Ich hatte gehofft, es würde nicht so früh kommen, sondern sich noch etwas Zeit lassen. Verliebt bin ich nicht mehr, keine Sorge. Dafür hast du längst gesorgt. Das hier ist das Ende einer sehr kurzen Geschichte und mit der Zeit begreife ich, weshalb es wichtig war. Es musste passieren, so wie alles passieren muss. Du warst nicht Derjenige, der mich retten kann. Das ist das Ende und alles, was mir zu sagen bleibt, ist: Alles Gute.

Der Mond

Alles

Es ist schwer, dich zu vergessen, wenn mich alles an dich erinnert. Der Sonnenuntergang, jedes Feuerwerk, dieses Lied und das Fernsehen. In allem bist du, aber nie bist du hier. Manchmal frage ich mich, ob du darüber nachgedacht hast, mir das Herz zu brechen. Ob du es geplant hast, wie du es herausnimmst und darauf trittst, so als wären wir nie gewesen. So als wären wir nie ein *Wir* gewesen und wir wären uns völlig fremd. Mittlerweile sind wir das auch. Nur noch Fremde mit Erinnerungen, die wehtun. Ich denke an dich und das tue ich oft, weil ich nicht begreife, wieso du so bist, wie du bist. Wieso du mich so behandelst, wie du es tust. Ich frage mich, ob ich vielleicht einfach ein schlechter Mensch bin und es verdient habe, nicht glücklich zu sein. Jeden Morgen wache ich mit einem schweren Herzen auf. Meine Brust fühlt sich schwer an, so als würden all unsere Erlebnisse auf einmal darauf liegen und mir die Luft zum Atmen nehmen. Denn nie hätte ich gedacht, dass aus unseren Geschichten, die gerade noch so greifbar waren, ein Buch in meinem Bücherregal wird, welches ich nie wieder lesen möchte. Und es ist schlimm genug, dass ich jeden Tag an dich denke. Aber in meinen Träumen bist du auch und das ist eigentlich noch viel schlimmer. Denn in den Träumen ist alles so, wie man es sich wünscht. In den Träumen ist alles perfekt. In den Träumen gibt es noch ein *Wir*, ein *Uns*. Und wenn ich aufwache, realisiere ich, dass du fort bist und ich dir nicht mehr gut genug bin.

Denn du bist einfach weg

Und nimmst

Alles

Mit.

Sonnenuntergang

Ich sehe mir heute den Sonnenuntergang an. Nur so ganz nebenbei, während die Zigarette in meiner Hand weiter brennt. Ich sehe dem aufsteigenden Qualm zu, wie er immer höher stieg und irgendwann verschwindet. Die Wolken ziehen vorbei und die Vögel singen. Ich schaue weiter in den Himmel und beobachte, wie die Wolken unterschiedliche Formen bilden. War da nicht gerade noch ein Gesicht gewesen? Schon ist es wieder verschwunden und verwandelt sich in etwas Anderes. Ich ziehe wieder an meiner Zigarette. Meine Lunge füllt sich mit Rauch und für einen Moment fühlt es sich an wie Freiheit. Ich sitze im Vorgarten und lasse meine Beine über den Rand der Hollywood-Schaukel baumeln. Das Gras kitzelt unter meinen Füßen. Die untergehende Sonne taucht die Umgebung zuerst in ein warmes Gold, dann in ein Orange, gefolgt von einem Dunkelrot. Der leichte Wind spielt mit meinen Haaren. Der Wind ist eine angenehme Abwechslung zu der Hitze, die den ganzen Tag geherrscht hat. Ich ziehe erneut an meiner Zigarette, die ich so fest umklammert halte, als wäre sie der letzte Strohhalm, an dem ich mich klammern kann. Ich sitze in meinem Garten und denke nach. Eigentlich hätte das ein schöner Moment für mich sein können. Aber etwas stimmt nicht. Denn seitdem du verschwunden bist, singen die Vögel nicht mehr so laut wie früher. Seitdem du weg bist, schwirren die Bienen nicht mehr ganz so fröhlich von Blume zu Blume.

Seitdem du mich verlassen hast, sind die Sonnenuntergänge nicht mehr so farbenfroh, so schön und kein Moment mehr so glücklich wie früher.

Der Grund

Du warst der Grund dafür, dass mein Herz schneller schlug. Jetzt möchte ich, dass es aufhört zu schlagen. Vor ein paar Monaten, als die Welt noch in Ordnung zu sein schien, hast du dir bereits darüber Gedanken gemacht, mich zu verlassen. Als mein Herz für dich noch schneller schlug und nichts ahnte. Jedes Mal, jedes „Ich liebe dich", alles gelogen. Du hast mir zu meinem Geburtstag einen Liebesbrief geschenkt. „Wenn ich dich ansehe, sehe ich meine Zukunft. Du bist meine große Liebe. Ich kann es kaum erwarten, bis du meinen Namen trägst." Nichts ist mehr real. Nichts davon kann ich mehr glauben. Mein Herz schlägt zwar schneller, wenn ich an dich denke, aber es ist so schwer. Ich möchte, dass es aufhört zu schlagen. Ich frage mich, ob alles, was du je gesagt hast, gelogen war. „Du gehörst mir, für immer", hast du mal gesagt. Du hast mal gesagt, dass du möchtest, dass unsere Kinder draußen im Garten mit unserem Hund spielen, während wir sie aus dem Fenster unseres Hauses beobachten. Du hast mal gesagt, du würdest mich nie verlassen. Versprochen hast du es sogar. Aber nichts davon ist wichtig. Nichts davon hat mehr einen Wert. Du warst der Grund dafür, dass meine Augen leuchteten und mein Lächeln breiter wurde. Echter irgendwie. Du warst der Grund dafür, dass ich glücklich war. Aber mein Herz ist so schwer, dass es mir aus der Brust zu fallen droht. So schwer, dass es weh tut. Ich spüre es brechen. Jedes Mal, wenn ich deinen Namen höre. Es ist jetzt fünf Monate her und ich kann deine Augen einfach nicht vergessen.

- Ich möchte nur, dass es aufhört zu schlagen

Warten

„Ohne dich ist die Welt nur noch schwarz weiß, weil deine Augen, wenn du gehst, die Farben mitnehmen und ohne dein Lachen die Sonne nicht scheint und der Wind zum Sturmregen wird. Ohne dich fehlt jedem Kampf, den ich kämpfe, der Grund und in meinem Herzen das Feuer"

So ist es und so wird es immer sein. Ich liebe dich, aber ich habe Angst, dass du es nicht mehr so siehst. Die vielen schönen Momente in den ganzen Monaten – einfach weg? Alle Gefühle einfach erloschen? Ich habe Angst, dass du mir Freitag genau das sagen wirst. „Es ist vorbei", wirst du sagen und mich traurig anschauen, meine Reaktion abwartend. Und ich werde weinen. Und wenn du weg bist, werde ich noch mehr weinen. Das Beste an mir warst du, immer. Und nun bin ich auf mich allein gestellt, ohne Liebe in dieser viel zu großen Welt. Wie sehr wünsche ich mir, dass du mir sagen wirst, dass du mir noch eine Chance gibst. So sehr würde ich mir wünschen, dass wir wieder unbekümmert, Arm in Arm auf dem Sofa liegen und irgendwelche Kochshows ansehen könnten. Aber möglicherweise ist das nun vorbei. Du hast gesagt „für immer", doch „für immer" kam zu früh. Du sagtest „Das wird unser Jahr,

Schatz", doch nun sind es nur wenige Monate. Ich hätte alles besser machen wollen, hätte dir zeigen wollen, was in mir steckt und dass ich dich überraschen kann. Dass ich die Eine sein kann, die du willst. Ich möchte ein positiver, neuer Mensch werden, weil ich mein altes Ich nicht mehr leiden kann. Ich will besser werden und das auch für dich. Ich will für dich die Eine sein. Die Freundin, die du immer haben wolltest. Ist dir diese Zeit denn gar nichts wert? Bin ich dir nichts mehr wert? Ich weiß, dass du der Richtige bist, aber vielleicht bin ich nicht die Richtige für dich. Ich würde alles für dich tun, das weißt du. Nur eine Chance, dir das zu beweisen, gibst du mir nicht.

„Ich kann dich nicht zwingen zurückzukommen, aber ich bitte dich. Mit allem, was ich hab und was mir etwas bedeutet. Für immer."

- aus Wilde Kerle 2 „Vanessa"

Der Garten

Ich rauche und ich trinke und ich versinke immer mehr in dem Meer aus Scherben, das du mir hinterlassen hast. Ich bin dir nicht sauer, nicht nachtragend. Ich hasse dich nicht. Denn du bist der beste Mensch, den ich jemals kennenlernen durfte. Während wir zusammen waren, haben wir Erinnerungen geschaffen. Jede Erinnerung war eine Blume in unserem Garten, die wir beschützten und mit viel Liebe am Leben hielten. Der Garten war so schön und bunt und besaß Tausende Blumen. Aber irgendwann war dir die Mühe zu groß. Die Blumen sterben nicht, denn sie sind in meinem Herzen. Dort lebt auch die Erinnerung an dich, so wie ich dich in Erinnerung behalten will. Aber langsam stirbt der Garten, denn wer keine neuen Erinnerungen schafft, vergisst irgendwann die alten. Nur das Bild von dir wird nie wieder aus meinem Kopf verschwinden. Du, neben mir auf der Hollywood-Schaukel an einem Tag im Sommer, weinend, weil du mich nicht mehr liebst.
Ich habe unseren Garten geliebt. Aber alles, was du zurücklässt, ist ein Meer aus Scherben.

- Das Gewächshaus ist zerbrochen

Gedankenchaos um 4 Uhr morgens

Ich dachte, ich hätte es überstanden. Den Herz-schmerz, das viele Weinen. Mein Herz war nicht mehr so schwer und tat nicht mehr so weh, wenn ich deinen Namen hörte. Ich träumte von anderen Sachen, die nichts mit dir zu tun hatten und auch sonst musste ich nicht mehr ständig an dich denken. Ja, sogar unbeschwert lachen konnte ich wieder. Das Weinen ließ nach und die Zigaretten wurden weniger. Immer seltener war dein Name in meinem Kopf, wenn ich nicht schlafen konnte und ich dachte wirklich, es wäre vorbei. Und dann reißt du mit einem Satz alles wieder ein.

Der Kronkorken fliegt mir um die Ohren. Während ich in meinem Bett sitze, ab und zu an meinem Bier schlürfend und den Geräuschen der Stadt lauschend, muss ich wieder an dich denken. Natürlich, was auch sonst. Es dreht sich alles nur um dich und ich hasse mich dafür. Ich hasse mich dafür, dass du mir dauernd durch den Kopf gehst. Ich hasse es, dass ich immer wieder aufs Neue traurig werde, je öfter ich über dich schreibe, aber ich muss schreiben, sonst werde ich noch verrückt. Ein Teufelskreis und du bist der Mittelpunkt. Ich wüsste so gern, wie es dir geht und was du machst. Ob du womöglich auch an mich denkst. Alles erinnert mich an dich, sogar das verdammte *Salitos* in meiner Hand. Deinen Ring trage ich immer noch. Dein Shirt trage ich zum Schlafen, träumend von der Illusion, du wärst immer noch da. Die Straße ist wach heute Nacht, genauso wie ich. Ich wünschte, ich könnte weitergehen, aber das bisschen Hoffnung hält mich zurück. Was wäre wenn? Ich starre auf mein *Salitos*, so, als würde es mir die Antwort verraten. So, als würde es alles besser machen. Ich trinke und dabei muss ich an dich denken, weil du es auch so oft und gerne getrunken hast und weil so viele Küsse danach schmeckten. Als wir noch glücklich waren und noch nicht vom Ende sprachen. Eine Träne läuft meine Wange herab, aber ich wische sie nicht weg. Zu beschäftigt bin ich damit, mein Bier anzustarren und an den Erinnerungen festzuhalten. Ich drücke die Zigarette aus, kippe den Rest meines Bieres hinunter und starre an die Wand.

- Es wird nicht besser

Zuhause

Wenn wir nachts zusammen im Bett liegen, ich in deinen Armen, während ich dein tiefes Atmen höre, dann fühle ich nichts außer Sicherheit. Zuhause. Am liebsten würde ich für immer in deinen Armen liegen bleiben und mit dir reden und Witze machen, bis spät in die Nacht hinein und dann schlafen wir bis Mittag, bis die Sonne uns weckt. Du machst mich glücklich. Bei dir fühle ich mich sicher und dieses Gefühl von Sicherheit habe ich nie bei jemand anderem gespürt. Es gibt Momente, da macht mein Herz einen kleinen Sprung. Vielleicht vergisst es sogar für einen kurzen Augenblick zu schlagen, wenn du lachst und mir alles so echt vorkommt. Wenn du mich so anschaust, dass ich es nicht in Worte fassen kann und du sagst, dass ich dich glücklich mache. Wenn du sagst, dass ich schön bin und ich dir etwas bedeute. Ich dachte immer, Zuhause müsste ein Ort sein, so wie ein Haus. Aber seitdem ich dich kenne, bist du mein Zuhause und deswegen tut es mir immer wieder aufs Neue weh, wenn du dich in der Nacht wegdrehst und ich weiß, dass du eigentlich nicht mir gehörst.

Die Wohnung ist erfüllt von Kaffeeduft und Sonnenlicht, welches durch die Vorhänge in mein Schlafzimmer scheint. Ich setze mich mit meiner Tasse an die Bettkante und beobachte ihn, wie er mich beobachtet. Sein Shirt ist mir zwar viel zu groß, aber ich trage es trotzdem, denn es riecht nach seinem Parfum. Er streicht mir eine Haarsträhne aus dem Gesicht. „Du bist wunderschön", sagt er, während er meine Wange streichelt und mich anlächelt.

Und ich glaube ihm.

Samantha

Ich liebe „Sex and the City". Ich liebe den Humor und dass man sich mit den Schauspielerinnen so seltsam verbunden fühlt. Ich habe schon recht früh angefangen, die Serie und die Filme zu schauen, auch wenn ich viele Dinge erst jetzt verstehe. Weil ich reifer bin und ähnliche Erfahrungen gemacht habe. Im zweiten Film gibt es eine Szene, in der Samantha zu ihrem Freund Smith sagt: „Ich liebe dich, aber ich liebe mich mehr." Und obwohl ich zwar den Inhalt verstand, hätte ich nie gedacht, dass ich diesen Satz jemals auf mein eigenes Leben beziehen würde.

Ich liebe dich. Auf seltsame Art und Weise, denn egal, mit wem ich zusammen bin, du geisterst in meinem Kopf herum. Aber ich liebe dich nicht mehr genug, um dich zurück zu wollen. Um an dir festhalten zu wollen. Denn ich liebe mich mehr. Und ich danke dir für diese Einsicht. Denn durch dich weiß ich mich selbst zu schätzen. Durch dich weiß ich, wie viel ich wert bin und was ich verdiene. Ich liebe dich, aber ich liebe mich mehr.

- Danke Samantha

Wahre Liebe

Viele Leute glauben nicht an die wahre Liebe, aber ich tue es. Ich glaube, dass wahre Liebe immer siegt und dass die Menschen, die zusammen gehören, immer wieder zusammenfinden werden. Egal, wie lange es auch dauern mag. Ich glaube, dass jeder Mensch einen Seelenverwandten hat und dass nur dieser einen aufrichtig glücklich machen kann. Jemand, der mit niemandem zu vergleichen ist und nicht ersetzt werden kann. Ich glaube an die wahre Liebe und ich glaube immer noch daran, auch nach dir. Und vor allem glaube ich, dass wahre Liebe niemals verschwindet. Dass, wenn man jemanden wirklich von ganzem Herzen geliebt hat, ihn immer lieben wird, egal was passiert. Du hast immer gesagt, du liebst mich über alles und ich wäre deine große Liebe. Aber jetzt weiß ich, dass das gelogen war. Denn wahre Liebe vergeht nicht. Wahre Liebe verschwindet nicht einfach. Aber genau das ist passiert. Dafür danke ich dir.

- Du bist nicht mein Seelenverwandter

Das Ende

Ehrlich, ich hatte bereits ein Ende für dich geschrieben. Zeile für Zeile genau durchdacht, damit du; damit wir das Ende bekommen, was wir verdienen. Aber es sind so viele Dinge passiert, die alles verändert haben. Vielleicht gibt es kein Ende. Vielleicht sind manche Menschen dafür bestimmt, immer wieder Teil in der Lebensgeschichte des anderen zu sein. Vielleicht sind wir das auch. Keine Ahnung, ob Märchen oder Thriller. Ich bin gespannt.

- Fortsetzung folgt

Die Wolken

Funkstille

Ich starre geistesabwesend auf mein Handy. Halte es so fest umklammert, als würde ich sonst fallen. Und das tue ich – für dich. So schön wie es war, so schlimm ist es jetzt. Keine Nachricht von dir. Dein Name erscheint immer noch nicht auf meinem Display. Obwohl ich nichts mehr möchte, als mit dir zu reden, kann ich es nicht. Ich war vorher zerbrochen und du brachst mich noch mehr, obwohl am Anfang alles so perfekt schien. Es war zu schön, um wahr zu sein. Immer wieder schaue ich auf mein Handy, nur um dann erneut feststellen zu müssen, dass du keinen Gedanken an mich verschwendest. Vielleicht hatte ich erwartet, dass du dich erklärst. Dass du dich entschuldigst und so was sagst wie „Ich möchte es doch versuchen. Du bist es mir wert." Ich möchte nur deine Stimme hören, eine einzige Nachricht, ein Lebenszeichen. Aber zwischen uns herrscht Funkstille Das Herz hinter deinem Namen habe ich schon wieder gelöscht.

Die Vielfalt der Lügen

Lügen gibt es in allen möglichen Formen und Farben. Es gibt kleine und große Lügen. Welche, die nicht allzu schlimm sind, so genannte Notfalllügen, und Lügen, an denen du zerbrichst, wenn du die Wahrheit erfährst. Es dauert lange, bis wir eine Lüge als solche erkennen, denn sie spielt uns so schöne Sachen vor, die wir gerne glauben würden. In meinem Fall war die Lüge blond, etwa einen Kopf größer als ich und blauäugig. Sie erzählte mir Dinge, die ich mir nie erträumt hätte, so schön waren sie. Sie sagte mir, dass ich ihr wichtig sei, dass ich etwas Besonderes für sie sei und dass sie das Ganze nicht aufgeben wolle und werde. Es war so schön, ich hörte der Lüge gern zu. Doch schnell wurde mir klar, dass ich mein Leben lang nicht mit einer Lüge verbringen konnte und ich begann, nach der Wahrheit zu suchen. Diese traf mich wie ein Schlag mitten ins Gesicht. Je schöner die Lüge, desto schlimmer die Wahrheit. Und deshalb tat ich das einzig Richtige in diesem Moment: Ich ließ die Lüge auffliegen.

- Lügen haben lange Beine und sehen verdammt gut aus

Zu schnell vorbei

Jedes Mal, wenn du etwas hochlädst, wünschte ich, ich wäre dabei. Jedes Mal wird mein Herz ein bisschen schwer, nur ein bisschen, aber immerhin. Und überhaupt, wie kann ich etwas vermissen, was ich nie hatte? Wir sind nie zusammen Eislaufen gegangen. Du hast nie für mich gekocht und hast mir auch nie deine Stadt gezeigt. Wir waren nie auf Konzerten oder in Kunstausstellungen. Wir waren nie zusammen im Kino und deine Freunde kenne ich auch nicht. Wir waren nie zusammen und das ist der Punkt. Wenn du das hier liest, wird es längst zu spät sein, aber dann weißt du, was du in mir bewegt hast und dass ich verliebter war, als ich es mir eingestehen wollte. Ich wollte dich. Ich wollte versuchen, all deine Fehler zu beheben und deine Probleme zu lösen. Ich wollte deine gebrochenen Teile zusammenhalten. Aber vielleicht war ich dafür selbst zu gebrochen.

Du bist anders

Du bist anders. Ich habe noch nie jemanden wie dich kennengelernt. Jemand, der einfach all meine Interessen und Ansichten teilt. Der einfach genauso tickt wie ich und mit dem ich stundenlang über Gott und die Welt reden kann. Jemand, der sich extra für mich Zeit nimmt und von einem Bahnhof zum nächsten fährt. Der mich so beeindruckt mit seiner eigenen Band, mit den Tattoos und einem Lächeln, das ich wohl nie wieder vergessen werde. Ich habe noch nie jemanden kennengelernt, der seine Lügen so erzählen konnte, als wäre es die schönste Wahrheit der Welt. Dessen Geschichten ich bis zum Ende geglaubt habe, mit Augen von denen ich dachte, sie würden mich niemals anlügen. Ich habe mich von deinem Äußeren täuschen lassen. War viel zu beschäftigt damit, dich anzuhimmeln, so schön wie du bist. Aber ich hatte Recht. Du bist anders. Du bist viel schlimmer.

Goodbye

Wir haben eigentlich nie richtig Tschüss gesagt. Uns nie irgendwie richtig verabschiedet. Es gab nur ein „Ich bin kein Kerl von der Stange. Entweder man kommt mit mir klar oder nicht." Ich komme wohl nicht mit dir klar, Mister Kein-Kerl-von-der-Stange. Ich bin auch kein Mädchen von der Stange.

Es gibt so viele Dinge, die ich dir noch hätte sagen wollen. So viele Sachen, die für immer unausgesprochen bleiben werden, denn du kannst mir nicht mal die Frage beantworten, ob du jemals irgendwas von dem, was du sagtest, auch wirklich meintest. All unsere tiefgründigen Gespräch mitten in der Nacht, all deine Versprechen und Komplimente, alles, was du über Liebe und Vertrauen sagtest - gelogen. Du meintest nichts davon ernst. Und deswegen würde ich dir lieber „Mach's gut" statt „Auf Wiedersehen" sagen und ich würde lieber „Tschüss" sagen, als jemals wieder „Hallo".

Der Herzensbrecher

Ich hab mich viel zu schnell in dich verliebt und genau das war mein Fehler. Ich liebte deine hellblauen Augen, die mich ans Meer erinnerten. Ich liebte es, wie du dir durch deine blonden Haare fuhrst, die du eigentlich noch hattest schneiden wollen, bevor wir uns treffen, aber ich mochte sie so. Ich liebte deine dunkle, raue Stimme, wenn du über die Dinge sprachst, die du liebst wie Kunst und Englisch und Musik. Sie fehlt mir wirklich. Du hattest ein leichtes Spiel mit mir, weil du mich so umgehauen hast, nicht nur mit deinen Tattoos und deiner schlanken Statur und deinem Stil. Alles an dir schien so perfekt zu sein. Die Erinnerung an dich tut weh, weil meine Vorstellung von dir so schön war, aber leider nicht der Wahrheit entsprach. Du hast mir auf dem Sofa gesagt, dass ich dir wichtig bin und hast von Liebe und Vertrauen gesprochen, nachdem du mich geküsst hast und nun bist du der herzloseste Mensch, den ich kenne. Ich wusste, dass du mein Herz brechen würdest und ich hatte kein Problem damit, das zuzulassen. Herzensbrecher kommen nun mal mit wunderschönen Augen und einem perfekten Lachen und berühren alles, nicht nur deinen Körper.

- Genau das ist der Untergang

Täuschung

Du warst die größte Enttäuschung, die ich seit langem hatte. Keine andere war mit dir vergleichbar. Am Anfang gabst du dich genauso, wie ich dich gerne gehabt hätte. So freundlich und charmant, ganz bescheiden sogar, obwohl du dir sicher dessen bewusst warst, was du in mir ausgelöst hattest. Du hast mir geschmeichelt, aber nicht zu aufdringlich. Du hast Interesse gezeigt; die Hoffnung in mir geschürt und warst dennoch so fern, dass ich dich umso mehr wollte. Ich wollte niemanden, der einfach ist. Du hast immer gesagt, du bist ein hoffnungsloser Fall und ich hab dir das am Anfang nicht geglaubt, weil ich dich heilen wollte. Ich dachte wirklich, ich könnte alles in dir wieder gut machen, damit du zu einem besseren Menschen wirst. Ich wollte dir dafür all meine Liebe geben, die du offensichtlich mehr brauchtest als ich selbst. Ich hab dir davon erzählt, was mir widerfahren ist, in der Hoffnung, du wärst der Eine, der alles richtig macht. Aber obwohl du all das wusstest, hast du es trotzdem getan. Alles gegen die Wand gefahren mit dem Alkohol, der nächtelang bei euch floss und ich will gar nicht wissen, in wessen Arme du dich dann geworfen hast. Ich will nicht wissen, wo deine Hände waren, die du zuvor noch an die Wände geschlagen hast, im Rausch. Ich will nicht wissen, wie viele Mädchen es neben mir gab. Du warst nicht die größte Enttäuschung, weil es mit uns nicht geklappt hat. Du warst die größte Enttäuschung, weil ich wusste, dass es so enden würde, aber mir von ganzem Herzen gewünscht hatte, es würde diesmal anders kommen.

- Ich hab mich so in dir geirrt

Lächeln

Ich liebte dein Lächeln, aber meins liebte ich mehr, weil das, was ich will, nicht zu finden ist in Kissen und Decken in fremden Betten und schon gar nicht in deinen Armen, die schon so viele Frauen gehalten haben. Weil das, was ich suche, nicht zu finden ist in den hellblauen Augen. Augen so wie das Meer. Vielleicht fühlst du dich selbst nicht frei oder du bist so gut darin geworden, dich zu verstellen, wenn du anderen Frauen hinterher schaust. Ich liebte dein Lächeln, aber meins liebte ich mehr, weil das, was ich suche, mehr ist als nur ein Kuss am Bahnhof, bevor du in den Zug einsteigst und wieder wegfährst. Ich wollte immer dein kurzes Lachen zwischen den Küssen, weil du nicht wusstest, ob du aufhören solltest. Ich wollte das schüchterne Durch-die-Haare-fahren und das Funkeln in deinen Ozeanaugen, nachdem ich dich angesehen habe und du lächeln musstest. Ich wollte das Händchen halten und die Gespräche nachts um 3, als alles so viel mehr das war, was ich will. Ich war nie gut darin, mich zu verstellen oder zu lügen. Du kannst das so viel besser.

Das Ende

Die Flamme meiner Kerze lodert neben mir auf meinem Nachttisch, während ich unser Ende schreibe. Eine Geschichte, die ich so sehr wollte, so unbedingt, aber sie wird verstauben in meinem Bücherregal wie alle anderen auch, aber ich werde sie nie wieder hervorholen, um sie erneut zu lesen. Dafür hast du mir zu sehr wehgetan. Ich kann nicht beschreiben, was in meinem Herzen passiert, wenn ich merke, dass deins aus Eis ist. Dass du die Menschen, die sich um dich sorgen und dir helfen wollen, aus deinem Leben ausschließt, so als wären sie nie ein Teil davon gewesen. Ich kann meine Wut und meine Enttäuschung über dich nicht in Worte fassen, weil ich so verliebt in dich war. Das hier ist das Ende einer Geschichte, an die ich nie wieder erinnert werden möchte und hiermit ist es endgültig vorbei. Ich puste die Kerze aus.

Und all meine Sterne

Bahnhof Date

Ein ganz normaler Uni-Tag. Ich hatte mir schnell auf dem Weg zum Bahnhof einen Kaffee geholt, obwohl ich schon viel zu spät war, wie jeden Tag. Mit meiner dicken Aktentasche unterm Arm rannte ich die Straße in Richtung Haltestelle hinab, wie jeden Tag. Dabei flogen meine braunen Haare im Wind und versperrten mir zeitweise die Sicht, so wie jeden Tag. Ich erreichte den Zug gerade noch rechtzeitig, eilte in das Abteil und suchte mir einen Platz, wie jeden Tag.

Sie waren schon alle da. Die blonde Frau mit den schulterlangen, gewellten Haaren, die sich immer an einer der Haltestangen festhielt und starr aus dem Fenster blickte. Der dickere Mann mit Dreitagebart, der nur wenige Sitze neben mir saß und grundsätzlich schlief, bis seine Station kam. Manchmal schnarchte er sogar. Das dünne, nur in schwarz gekleidete Mädchen mit den langen Haaren, das so laut Musik hörte, dass alle Personen mithören konnten und das während der Fahrt nicht einmal ihren Blick vom Smartphone abwandte. Dann war da noch die junge Mutter mit dem Kinderwagen, der die Müdigkeit ins Gesicht geschrieben stand, so tief waren ihre Augenringe. Sie schob den Kinderwagen immer wenige Zentimeter hin und her, um ihr schreiendes Baby zu beruhigen.

Und schließlich der streng gescheitelte Geschäfts-
mann, der immer Anzug trug und anscheinend wich-
tige Telefonate führte, denn er argumentierte laut-
stark. Ich verstand davon nicht viel, war ich doch nur
eine einfache Psychologiestudentin, die nichts mehr
herbeisehnte als das Bett. Da ich jeden Tag um die
gleiche Uhrzeit mit der gleichen U-Bahn zur Uni
fuhr, hatte ich schon nach kurzer Zeit bemerkt, dass
immer die gleichen Menschen in der Bahn mitfuhren.
Langweilig und eintönig. Immer das Gleiche.
Doch an diesem Tag war es anders. Ich erkannte die
Veränderung bereits in dem Moment, als ich mich
setzte und auf dem Sitz mir schräg gegenüber einen
Jungen bemerkte, den ich noch nie zuvor gesehen
hatte. Verträumt sah er aus dem Fenster und beo-
bachtete die aufgehende Sonne, den leichten Nebel
und die vorbeiziehende Landschaft. Die Bahn fuhr
so schnell, dass von ihr nur noch verwischte Kontu-
ren übrig blieb. Er faszinierte mich mit seiner Art,
obwohl er mir vollkommen fremd war. Er zog mich
förmlich an, ohne ein Wort zu sagen, ja sogar ohne
mich einmal anzusehen. Tausend Fragen schwirrten
in meinem Kopf: Wie hieß er? Wie alt war er wohl?
Wohin musste er? Doch ich sagte nichts, sondern
starrte den geheimnisvollen Fremden nur an. Meinen
Blick konnte ich nicht von ihm wenden. Die großen
hellblauen Augen, in denen sich die Umgebung wi-
derspiegelte. So blau wie der Himmel und das Meer.

Die kurzen braunen Haare, einen gepflegt gestutzten Bart und markante Gesichtszüge. Er trug einen schwarzen Kapuzenpullover, die Ärmel hochgekrempelt, eine dunkle Jeans und weiße Turnschuhe. Ich konnte sein Alter nicht wirklich schätzen, da er sein Gesicht nicht mir zugewandt hatte, aber oh Gott, er war so unfassbar schön. Alles an ihm war schön: Die Augen mit den leichten Lachfalten, die Haare, durch die er sich zeitweise fuhr, die Adern auf seinen Händen und Armen. Ich wollte ihn kennenlernen, ich musste. Der Fremde ließ so viele Fragen offen, dass er immer geheimnisvoller wurde, je länger ich ihn ansah. Hatte er eigentlich gemerkt, dass ich mich gesetzt hatte oder viel wichtiger, mochte ihm auffallen, dass er mir auffiel?

Die Bahn war bereits an vielen Haltestellen vorbeigefahren, ohne dass der Junge (Vielleicht ja auch Student?) ausgestiegen war. Die Uni war die letzte Station, also würde ich auf jeden Fall sehen, wo er aussteigt. Vielleicht ja im Stadtzentrum, wo die meisten Unternehmer und Geschäftsleute arbeiteten. Oder vielleicht am Marktplatz, wo sich jeden Morgen unzählige Jugendliche versammelten. Ich wusste aber nicht wieso. Mit meinen 23 Jahren war ich dafür wahrscheinlich schon zu alt.

Der Fremde hatte noch kein einziges Mal von der Fensterscheibe abgelassen. Sein Blick war völlig dem Geschehen außerhalb der Bahn zugewandt. Er trug keinen Ring, woraus ich schloss, dass er nicht verheiratet war. Er hatte auch kein Handy in der Hand, aus dessen Hintergrund ich etwas hätte schlussfolgern können. So ließ er mich in völliger Ahnungslosigkeit über seine Identität. Er machte mich verrückt.

Plötzlich drehte er sein Gesicht mir zu und sah mir direkt in die Augen. Die hellen Augen, noch viel heller als ich zuerst gedacht hatte, trafen mich wie ein Schlag, so stechend blau waren sie. Mir wurde abwechselnd heiß und kalt. Mein Herz hämmerte wie verrückt. Mein Gehirn schrie mir nur einen einzigen Gedanken zu: „Sprich ihn an!" Er schien bemerkt zu haben, wie angetan ich von ihm war und lächelte leicht, fast unmerklich. In diesem Moment war mir klar, dass ich mich in ihn verliebt hatte. Hals über Kopf an einem ganz normalen Tag in der Bahn. Was würden wohl meine Kinder später dazu sagen.

Die Bahn hielt an. Er nahm seinen Rucksack und stand auf. Die Liebe meines Lebens war ausgestiegen, hinausgetreten auf den kalten Bahnsteig voller Frühnebel und ließ mich unwissend zurück. Die Türen schlossen sich wieder.

Nichts

Ich hasse dich. Ich hasse hasse hasse dich. Ich scrolle auf meinem Handy weiter und bleibe bei jedem deiner Bilder stehen. Ich drücke auf das Papierkorbsymbol in der unteren rechten Ecke und schon ist dein Gesicht von meinem Bildschirm verschwunden. Genauso wie du eines Abends. Ich hasse dich. Jedes Mal wenn ich dein Gesicht sehe, spüre ich, wie sich meine Hand zu einer Faust ballt. Immer wieder frage ich mich, wieso ich eigentlich mit dir zusammen war. Deine schmierigen Haare, deine unreine Haut, deine abgekauten Fingernägel und dein trauriger Hundeblick, den du jedes Mal aufgesetzt hast, als du nicht das bekamst, was du wolltest, was meistens Sex war. Eigentlich ging es immer nur um Sex, zumindest für dich, denn ich hatte im Gegensatz zu dir schon ein Haus im Kopf und Kindernamen überlegt und ausprobiert wie mein Vorname mit deinem Nachnamen klingt. Ich hatte sogar schon überlegt, eine Wohnung für uns beide zu suchen, obwohl wir grade mal Anfang 20 waren und nur zwei Monate zusammen, wenn man das überhaupt Beziehung nennen konnte. Ständig hast du auf mir herum gehackt, egal in welcher Situation. „Du bist zu dick. Du trägst zu wenig Make-Up. Deine Brüste sind zu klein." Im

Nachhinein merke ich, wie dumm ich war. Liebe macht blind. Das verstehe ich nun, denn tatsächlich frage ich mich jedes Mal, ob ich wohl eine Sehschwäche hatte, als wir was hatten, wenn ich ein Bild von dir auf meiner Facebook Startseite finde. Ich hasse dich. Und das sage ich nicht nur, weil du mich mitten in einer Nacht in meinem Bett hast allein liegen lassen; weil du all deine Sachen inklusive T-Shirts, die ich noch von dir hatte, still und heimlich eingesammelt und dich während der frühen Morgenstunden aus dem Staub gemacht hast, ohne danach jemals wieder anzurufen oder mir eine Nachricht zu schreiben à la „Tut mir leid, aber es hat einfach nicht gepasst zwischen uns", sondern eigentlich, weil ich alles an dir hasse. Ich hasse die kleinen Falten auf deiner Nase, wenn du die Stirn runzeltest, während ich mich vor dir ausgezogen habe. Ich hasse dein Seufzen, wenn dir das Vorspiel wieder einmal zu kurz war, obwohl es bereits anderthalb Stunden waren, in denen ich kaum Luft bekommen habe und auch keinerlei Spaß, aber es trotzdem machen wollte, weil ich dachte, dass du dann bei mir bleibst. Ich hasse dein selbstgefälliges Lächeln, wenn ich dir über die Schulter schaue und sehe, dass du wieder mit wildfremden Tanten im Internet schreibst und ihnen Komplimente machst, obwohl ich weiß, dass sie genauso gelogen sind wie alles, was du jemals zu mir gesagt hast.

Es war schwer, dich zu vergessen, denn egal wo ich war, überall wurde ich an dich erinnert. Mittlerweile bin ich froh, dass ich dich los habe, denn du warst wie alle Diskussionen, die wir jemals geführt haben: sinnlos und unnötig. Ich hasse dich. Nicht nur, weil du so warst, wie du warst, sondern weil ich mich deinetwegen selbst gehasst habe. Dein Kaugummiatem gemischt mit der Alkoholfahne, wenn du nachts um 3 betrunken nach Hause kamst, lallend und gegen die Wände stolpernd und ich will nicht wissen, wo du warst und mit wem und ich will nicht wissen, ob du noch weißt, dass ich dich geliebt habe.

Aber heute geht es mir wieder gut. Ich liege auf einer Couch vor einem Kaminfeuer, ein Glas teuren Wein in der Hand. Der Kerl neben mir hat seinen Arm um meine Schulter gelegt und flüstert mir Dinge ins Ohr wie „Du bist so schön." Sowas hast du nie gesagt. Das Feuer lodert genauso wie seine Gefühle für mich, das kann ich spüren. Das kann ich in seinem Blick erkennen, dieser besondere Blick. Das kann ich an seinem Lächeln erkennen, wenn er mir wieder Geschenke macht, die viel zu teuer sind, dafür, dass wir erst seit zwei Wochen was haben und er mich erwartungsvoll ansieht in der Hoffnung, ich empfinde das Gleiche. Steven oder Stefan oder wie auch immer er heißt, denn ich hatte seinen Namen bereits vergessen, als wir gemeinsam durch die Tür des

Nachtclubs auf die kalte Straße traten, alkoholisiert und nicht Herr unserer Sinne.

Er ist so viel besser als du. Gepflegt, höflich, liebevoll. Er bringt mir Essen und streichelt mir übers Haar, bis ich einschlafe. Er macht mir ständig Komplimente, auch wenn ich mich jedes Mal schüchtern bedanke, weil ich nicht nachvollziehen kann, wie er sowas finden kann, so was wie „Du bist so schön" und ich immer noch versuche, mich genauso schön zu finden wie er mich. Er liebt mich. Steven oder Stefan oder wie auch immer er heißt. Aber er ist leider nur einer von viel zu Vielen mit denen ich was hatte, um zu vergessen, dass das mit uns nicht geklappt hat. Und irgendwie finde ich ihn doof. Und irgendwie hasse ich dich nicht.

4.45 Uhr. Sie konnte die Kirchturmuhr schlagen hören, obwohl ihr Fenster geschlossen war. Sie konnte nicht schlafen, aus Angst von ihm zu träumen. Ihre Gedanken ließen sie einfach nicht los. Nachdem das Mädchen eine Weile aufrecht in ihrem Bett gesessen hatte, stand sie auf und ging zu ihrem Kleiderschrank. Sie zog ein weißes Hemd über und hielt kurz inne. Es war ihr zwar viel zu groß, aber ihr Lieblingshemd, denn es roch nach ihm. Er hatte es ihr eines Nachts dagelassen, damit sie darin schlafen konnte. In der Nacht, in der er sie verlassen hatte und nie wieder kam. Sie suchte ihre Zigarettenschachtel heraus und begann die Treppen zum Dachboden hinaufzusteigen. Die alten Holzdielen knarrten bei jedem ihrer Schritte und das waren die einzigen Geräusche, die im Haus zu hören waren. Denn sie war allein.

Sie öffnete das Dachbodenfenster und kletterte hinaus. Ein warmer Sommerwind wehte ihr entgegen und sie sah, dass die Sonne bereits aufzugehen begann. Sie liebte das, Sonnenaufgänge, doch viel mehr hatte sie es geliebt, als er dabei war. Das Mädchen setzte sich auf das Dach, was sie öfter in Nächten wie dieser tat und zündete sich eine Zigarette an. Rauch erfüllte ihre Lunge und vertrieb damit das letzte Bisschen Schmerz, das sie noch fühlte. Der Wind spielte mit ihren langen braunen Haaren, das Zwitschern der Vögel durchbrach die Stille. Sie dachte zu viel nach, genau das war ihr Problem. Sie dachte zu viel nach und interpretierte zu viel in die Worte anderer Menschen hinein. Sie war einfach nicht die perfekte Freundin, die man sich wünschen würde. Zumindest nicht für ihn. Die beiden hatten sich so sehr geliebt, sie vertrauten sich blind. Sie hatten so gut zusammengepasst, dass alle gesagt hatten: „Ja, die beiden werden einmal heiraten!" Doch dem war nicht so. Diesem Wunsch hatte er einen Strich durch die Rechnung gemacht. *Er war noch nicht so weit.* Sie lächelte verächtlich, senkte den Kopf und nahm erneut einen tiefen Zug. Einatmen. Ausatmen. Sie musste sich beruhigen. Das Ganze war bereits vier Monate her und trotzdem hatte sie noch nicht die Kraft, nach vorne zu sehen. Er hatte sie wirklich glücklich gemacht. Ein Gefühl, welches sie selten in ihrem Leben empfunden hatte. Glück. Geborgenheit. Das Gefühl, angekommen, ja Zuhause zu sein. Und auf einmal war sie wieder allein. Sie brauchte nun keine zweite Decke mehr im Bett. Sie musste keinen Kaffee mehr für zwei kochen oder einen Pärchensitz im Kino besetzen. Aber manchmal tat sie es immer noch und sie vermisste ihn so sehr. Während sie in die Ferne starrte, dachte sie daran, was er wohl gerade so treiben würde bzw. mit wem. Sie war sich sicher, dass er nicht allein war, nicht so wie sie. Er verschwendete bestimmt nicht mal einen Gedanken an sie. Und während das Mädchen, das so zerbrechlich wirkte, über all diese Sachen nachdachte und ihre Zigarettenschachtel immer leerer wurde, liefen Tränen aus ihren grünen Augen über ihre Wangen und trübten ihre Sicht. Und so konnte sie den wunderschönen Sonnenaufgang, das Farbspiel aus Rot, Rosa, Orange, Gelb und Blau; das, was sie sonst immer so sehr geliebt hatte, nicht sehen. Und eigentlich waren Sonnenaufgänge gar nicht mehr so schön für Melina, denn sie hatte sie nur so sehr geliebt, weil er bei ihr gewesen war.

Melina saß noch eine Weile auf dem Dach und sah in die Ferne. Langsam wurde es hell und sie konnte jeden einzelnen Sonnenstrahl auf ihrer Haut spüren. Die Vögel sangen ihre Lieder, die Stadt schlief noch. Nur vereinzelt fuhren bereits Menschen zur Arbeit. Melina saß da, ließ sich von der Sonne wärmen und zog an ihrer letzten Zigarette und trotzdem war das Leben nicht schön. Sie war jedes Detail in ihrem Kopf durchgegangen. Immer und immer wieder und trotzdem verstand sie nicht, was sie falsch gemacht hatte. Was ist, wenn es gar nicht ihre Schuld war? Vielleicht war Melina einfach ein komplizierter Mensch. Vielleicht sogar so kompliziert, dass niemand sie wirklich verstand. Am wenigstens sie selbst. Schließlich stand sie auf, schlich barfuß den Dachboden hinunter und legte sich in ihr Bett. Sie war müde, aber sie wusste, dass sie von ihm träumen würde, würde sie die Augen schließen und das wollte sie auf keinen Fall. Sie dachte weiter nach. Verlangte sie zu viel? Konnte es sein, dass sie einfach zu hohe Erwartungen hatte? Melina wollte doch nur jemanden, mit dem sie über alles reden und lachen konnte. Mit dem sie stundenlang irgendwelche Filme anschauen und sich über die dummen Stellen lustig machen konnte.

Sie wollte jemanden, der offen für Abenteuer war. Einfach wegfahren und sehen, wo man landet. Sie wollte mit ihm Kunstmuseen besuchen oder in den Zoo gehen. Sie wollte jemanden, bei dem sie sich sicher und beschützt fühlte. Das Gefühl von Zuhause. Er sollte sie zum Lachen und ihre Augen zum Funkeln bringen können. Sie wollte jemanden, der ihr Frühstück machte und sich um sie kümmerte. Aber vor allem wollte sie einen Mann, der sie liebte, wie sie war. Und wenn das zu viel verlangt war, verlangte sie lieber gar nichts.

Melina hatte sich mittlerweile aufgesetzt und überlegte nun, was sie tun sollte. Schließlich beschloss sie sich anzuziehen und einen kleinen Spaziergang zu unternehmen. Also schlüpfte sie in ihre Jeans, zog sich Parka und Schuhe an und schloss die Tür hinter sich. Sein Hemd hatte sie anbehalten.

Sie schlenderte einige Zeit durch die Straßen der Stadt, die langsam erwachte. Es waren Stunden vergangen, seitdem sie vom Dach hinunter gestiegen war. Melina hatte gehofft, einen klaren Kopf zu bekommen, doch dem war nicht so. Und Zigaretten hatte sie auch keine mehr. Sie beschloss, in die Bibliothek zu gehen und sich neue Bücher auszuleihen, da sie Zuhause alle ausgelesen hatte. Während Melina Kurs auf die Bibliothek und das dazugehörige Café nahm, lief sie an einem Schaufenster vorbei. Sie blieb stehen und musterte sich selbst. Ein Mädchen mit ungekämmten Haaren, einem viel zu großen Hemd und tiefen Augenringen starrte zurück. Sie war dünn geworden. Der Kummer hatte seine Spuren hinterlassen. Als Melina ihren eigenen Anblick nicht länger ertragen konnte, lief sie weiter. Ihre Gedanken führten wieder zu ihm und was er wohl grade macht. Würde er in einem großen Bett mit weißem Bettzeug neben einer unheimlich schönen Frau aufwachen oder allein? Oder war er vielleicht auch die ganze Nacht wach gewesen, weil er nachgedacht hatte? Melina war sich nicht sicher, doch schließlich nahm sie ihr Handy heraus. Vielleicht sollte sie ihn anrufen.

Unsere Lebenslüge

Der Mensch lügt am Tag durchschnittlich 200 Mal, wenn man dem Internet Glauben schenken kann. Angefangen von „Guten Morgen", auch wenn es gar kein guter Morgen ist. Oder die Antwort, wenn man gefragt wird, wie es einem geht. „Gut und dir?", antworte ich meistens oder „Alles gut, ich bin nur müde", auch wenn in mir eine ganze Welt zusammen bricht und ich nicht sicher bin, weshalb ich überhaupt mein Bett verlassen habe. Wir Menschen lügen ständig, meist aus Höflichkeit, wenn wir zum Beispiel gefragt werden, wie uns das neue Kleid unserer Freundin gefällt und wir sagen „Ja, sieht toll aus", obwohl wir es scheußlich finden. Oder wenn wir sagen, wir hätten keine Zeit, nur um eine Ausrede zu haben, nicht auf die unglaublich kitschige Party der Freunde zu gehen, die eigentlich sowieso keine Freunde sind und auf der wir niemanden kennen. Nach dem Abi habe ich verstanden, dass ich täglich von Menschen angelogen wurde, die ich damals meine Freundinnen nannte. So was wie „Ich bin immer für dich da", aber ratet mal, wer es eben nicht war. Wenn man es sich mal genau überlegt, leben wir alle eine riesige Lüge. Eine Lebenslüge und die Gesellschaft hilft dabei, wenn man auf Instagram nur gephotoshopte Modelkörper sieht oder perfekte Beziehungen, die vielleicht in dem Moment zusammenbrechen, aber das weiß ja keiner. Das ist eben das Ding mit den Lügen. Es ist alles gut, solang es keiner weiß. Solang die Lüge nicht auffliegt. Und manchmal helfen wir selbst sogar dabei, Lügen aufrecht zu erhalten, nur damit wir unsere Lebenslüge weiter leben können. Ja, schlimm wird es erst, wenn man weiß, dass man angelogen wird. Wenn die anscheinend perfekte Geschichte zu bröckeln beginnt. Die schlimmste Lüge, die ich je gehört habe, ist übrigens: „Es ist alles gut. Ich liebe dich."

Freunde/Fremde

Manche von euch mussten nie hinterher laufen, weil der Gehweg nicht breit genug für drei Leute ist. Manche von euch wurden nie ausgeschlossen, wenn es um Pläne fürs Wochenende ging, denn ihr wart immer dabei. Alle wollten euch immer dabei haben. Manche von euch werden nie erfahren, wie es ist, inmitten eurer Freunde zu sitzen und zu begreifen, dass ihr nicht hierhin gehört. Dass ihr kein Teil davon seid und dass ihr auch nie einer wart. Manche von euch werden nie erfahren, wie es ist, wenn aus Freunden Fremde werden.

- auch Freunde können Herzen brechen

Du wolltest nie den Winter

Du heiß, ich kalt. Du schnell, ich nicht. Du schön, ich nicht. Gegensätze ziehen sich an, sagt man, aber bei uns passt was nicht. Ich wollte immer Rot für dich sein, aber du warst Blau. Mein Herz stand in Flammen, aber konnte deins aus Eis nicht auftauen. Du kalt, ich heiß. Ich wollte immer schön für dich sein mit langen Haaren und einem Körper so dünn, dass man jeden Knochen sehen konnte und einem Lächeln so breit, so falsch, dass es keiner bemerkte. Aber du wolltest immer nur den Sommer und ich war der Winter.

Heute ess ich nichts

Heute ess ich nichts. Hab ja gestern erst was gegessen und danach waren die Schuldgefühle so überwältigend, dass mich auch zwei Stunden Sport nicht besser stimmen konnten. Ich fühle mich schlecht, wenn ich esse und ich fühle mich schlecht, wenn ich nicht esse. Eine typische Engel-Teufel-Schulter-Situation. Der Engel weiß, dass ich Essen brauche, weil ich sonst sterbe, aber der Teufel sagt immer nur „Iss nicht. Schau dich doch mal an. Niemand will dich, wenn du nicht dünn bist." Heute ess ich nichts und morgen vielleicht auch nicht. Und immer, wenn ich an meinem Spiegel vorbeilaufe, seh ich mich an und denke, dass ich noch dünner sein könnte. Wann hat das eigentlich angefangen, dass wir mittlerweile denken, wir wären nur etwas wert, wenn wir dünn sind? „Du bist fett", sagt der Teufel. „Du bist fett. Niemand will dich, wenn du nicht dünn bist", sagt der Teufel und auf einmal zähle ich wieder die Kalorien. „Schau dich mal an. Neulich konnte man noch deine Rippen sehen, aber jetzt nicht mehr. Weil du schwach bist und schon wieder gegessen hast. Du bist schwach. Du bist hässlich", sagt der Teufel. Und nach unzähligen Zigaretten, die meinen Appetit zügeln, sagt der Engel gar nichts mehr.

Und täglich grüßt...

Ich bin es leid. Mein Herz ist müde. Es passiert immer und immer wieder, wie in einer Zeitschleife, aus der ich nicht ausbrechen kann. Ich möchte doch nur geliebt werden, bedingungslos und aufrichtig. Ich möchte, dass jemand bei mir bleibt, wenn die Zeiten schwer werden. Ich möchte nicht länger wie eine Option behandelt werden, sondern das Einzige für jemanden sein. Und doch passiert mir immer wieder das Gleiche und ich gerate immer wieder an Menschen, die mir vermitteln, ich sei es nicht wert. Ich sei es nicht wert, dass man in mich investiert. Dass man Mühe in mich steckt und dass man sich für mich aufopfert, obwohl ich im Endeffekt immer diejenige bin, die mehr von sich gibt. Ich gebe mich immer wieder aufs Neue auf für Menschen, die es nicht zu schätzen wissen und langsam hat mein Herz genug. Ich möchte nur jemanden, der bleibt und bei dem ich keine Angst haben muss. Und wenn das zu viel verlangt ist, will ich nie wieder lieben.

Wie weit wir gehen

Manchmal frage ich mich, wie weit wir wohl gehen werden. Bis zum Schluss, bis zum letzten bitterlichen Kampf? Werden wir uns gegenseitig die Herzen brechen und alle Scherben auf dem Boden verteilen, bis nichts mehr hilft, außer hoffen? Oder schaffen wir vielleicht den Absprung und alles wird gut, so wie du es immer versprochen hast? Ich frage mich, ob wir so weit gehen und uns gegenseitig anlügen werden. Erst bei Kleinigkeiten, die zu größeren Kleinigkeiten werden, bis sie irgendwann keine Kleinigkeiten mehr sind und wir uns so sehr anlügen, dass wir uns gegenseitig fremd werden. Wie weit wir gehen, oh ja, wie weit wir wohl gehen. Manchmal frage ich mich, wie weit wir wohl gehen werden. Bis ans Ende der Straße, des Strandes oder vielleicht bis ans Ende der Welt? Wieso können wir nicht miteinander gehen, Hand in Hand und alles wird gut, so wie du es immer sagst. Mit dir würde ich überall hingehen. Willst du mit mir gehen?

- Ja
- Nein
- Vielleicht

Bis wir uns wiedersehen

Die Klaviermusik schallt aus dem Wohnzimmer wider. Du hast so gerne am Flügel gesessen und gespielt, während ich in der Küche Kaffee kochte und dazu tanzte. Du liebtest das und ich liebte dich. Es schien alles so einfach zu dieser Zeit. Als die Sonne noch durch die Vorhänge schien und unsere ganze Wohnung erhellte und die Vögel zwitscherten. Leises Quietschen der dunklen Holzdielen unter meinen nackten Füßen. Jetzt ist die Wohnung nicht mehr erfüllt von warmem Kaffeegeruch, sondern riecht nach kaltem Rauch. Ich rauche so viel, seitdem du weg bist. Es ist kalt draußen geworden und ich muss die Fenster geschlossen halten. Die Vögel singen nicht mehr. Und während ich unsere Bilder von meiner Kommode räume, weil ich es nicht ertragen kann, dein Lachen zu sehen, ohne es zu hören, halte ich vor dem Fenster kurz inne. „Bis wir uns wiedersehen", flüstere ich leise, sodass es niemand hören kann und halte den Herzanhänger an meiner Kette ganz fest. Die hast du mir mal geschenkt. Stunden werden zu Tagen und Tage zu Wochen, wenn ich auf dich warte.

- Komm bald wieder

Zu mir oder zu dir

Unsere Begegnung war nicht geplant. Ich hatte nicht mit dir gerechnet und plötzlich standst du dort an der Bar mit einem Bierglas in der Hand. Ich war mit meinen Mädels feiern gewesen, um einfach mal rauszukommen. Den Kopf frei zu machen von alledem, was zurzeit schief lief. Ich war nicht auf der Suche nach einem Mann, war mir doch erst vor kurzem das Herz erneut gebrochen worden. Eigentlich wollte ich mich nur hemmungslos betrinken, um dann um vier Uhr morgens auf meinen High Heels nach Hause zu torkeln, mich mitsamt meiner Klamotten in mein Bett zu werfen und in einen traumlosen Schlaf zu fallen, bis mich die Vergangenheit am nächsten Tag wieder einholen würde. Aber das war nicht der Fall, denn ich war nicht betrunken, sonst wärst du mir vielleicht gar nicht aufgefallen. Keine Ahnung, wie lange du schon da an der Bar standst, mit deinem Bierglas in der Hand, so ganz allein. Ich weiß nicht, wie lange du schon mit leerem Blick in der Gegend rumschautest oder ob ich dir schon länger aufgefallen war. Zwischen typischen Mädchengesprächen über Männer und Liebe, zwischen Gelächter und kurzem Luftholen fiel mein Blick auf dich, ganz unverhofft und zufällig. Und mein Blick blieb bei dir, weil du etwas an dir hattest, was ich bis heute nicht beschreiben kann. Wie du so gedankenversunken umhersahst, so als würdest du jemanden erwarten, aber es kam niemand. Wie du dich an deinem Glas festhieltst, aber es nicht leerer wurde. Ich fragte mich, was du wohl hier machst und vor allem, ob ich dich ansprechen sollte. Meine Begeisterung blieb von meinen Freundinnen nicht unentdeckt und sie überredeten mich dazu, an der Bar für alle neue Drinks zu holen. „Vier Mal Cuba Libre bitte", sagte ich zum Barkeeper, während ich versuchte, den Typen nicht wie eine Besessene anzustarren und cool zu wirken. Immerhin stand ich nun direkt neben ihm. Ich versuchte zwar meine gesamte Aufmerksamkeit meinem Handy zu widmen, während ich auf die Drinks wartete, konnte mir aber einen kurzen Blick auf den schönen Fremden nicht verkneifen. Und das war der Moment, in dem wir uns das erste Mal direkt in die Augen sahen. Beschämt und mit einem leichten Lächeln sah ich wieder auf mein Handy, als der Barkeeper die Getränke bereitstellte. „Die gehen auf mich", sagte der Schöne und ich konnte meinen Ohren kaum trauen. „Womit haben wir denn das verdient?", fragte ich ihn. „Schönen Frauen gebe ich doch gerne was aus", antwortete er, ohne dabei wie ein Macho oder Fuckboy rüberzukommen. Und so fing alles an. Wir sprachen über Gott und die Welt. Es stellte sich heraus, dass er sogar an der gleichen Uni studierte wie ich und in derselben Stadt lebte. Er ging gerne zum Sport, glaubte an Sternzeichen, aber nicht an Zufälle. Er hatte noch einen größeren Bruder, mit dem er aber nicht klar kam. Seine Mutter war verstorben, als er noch ein kleiner Junge war. Seine Lieblingsfarbe war blau und er hatte vor zwei Jahren aufgehört zu rauchen, erzählte er mir. Ich fühlte mich auf Anhieb so verbunden mit ihm und hatte das Gefühl, nach nur einer Stunde schon fast alles über ihn zu wissen. So als hätte ich einen alten Bekannten wieder getroffen. Wir redeten so viel und waren so vertraut miteinander. Ich weiß nicht, wie spät es war, als meine Freundinnen sich von mir mit einem verheißungsvollen Lächeln verabschiedeten und den Club verließen. Ich blieb noch bei ihm und die Gespräche nahmen kein Ende. Erst als der Barkeeper bereits den Tresen abwischte und uns der Inhaber höflich darum bat, unsere Gläser leer zu trinken (es waren noch einige gewesen), gingen auch wir, lachend, weil wir die Zeit total vergessen hatten. Der Club schloss seine Türen direkt hinter uns. Langsam wurde es auch wieder hell draußen. Ich wollte mich gerade von ihm verabschieden, als er mich umarmte und mir ins Ohr flüsterte: „Zu mir oder zu dir?"

Alles könnte und nichts muss

Alles könnte und nichts muss und wenn ich zurückdenke an unseren ersten Kuss, dann frage ich mich, ob wir es hätten tun müssen, das Küssen, und ob es nicht besser gewesen wäre, wenn wir es gelassen hätten. Und wenn wir es gelassen hätten, wären wir nicht gelandet in verschiedenen Betten, in Hotels und Zuhause und es wäre nicht so gewesen, wie es war. Vielleicht hätten wir uns bei den unzähligen Sternschnuppen etwas anderes wünschen sollen als unendliche Liebe, sondern dass es mit uns schneller zu Ende geht. Denn wir hätten es nicht tun müssen, das Küssen.

Aus den Augen, aus dem Sinn

Du bist zwar weit weg, ganz weit weg von mir, aber dennoch habe ich immer das Gefühl, dass du bei mir bist, wenn ich in den Himmel starre. Er strahlt so wie das Blau deiner Augen und immer dann muss ich lächeln. Zuerst glücklich, dann etwas wehmütiger. Denn du bist weit weg und wirst nie wieder kommen. Nie hätte ich gedacht, dass sich 43 qm auf einmal so groß anfühlen können und dass alles, was wir je hatten, in deine zwei Tragetaschen passt. Wenn ich durch meine viel zu große Wohnung wandere, vermisse ich dein Lachen, dass an den Wänden widerhallt. Du bist weit weg und langsam verblasst auch die Erinnerung an dich. Ich muss nicht mehr weinen deinetwegen. Eigentlich ist alles wieder ganz gut, ich schaffe es ohne dich. Doch wenn ich in der Stadt umherschlendere, denke ich manchmal, dich in der Menschenmenge zu sehen. Mein Gehirn spielt mir wohl Streiche. Du kannst es gar nicht sein. Du würdest nie wieder zurückkommen.

Vielleicht wird alles vielleichter

Vielleicht hat das alles einen Sinn. Vielleicht wache ich eines Tages auf und verstehe auf einmal, warum das alles passieren musste. Wieso grade mir. Ich werde aufwachen und begreifen, dass es Schicksal war. Ich weiß nicht, wann dieser Tag kommen wird, denn momentan begreife ich gar nichts. Es passiert so viel, was ich mir nicht erklären kann und immer wieder suche ich den tieferen Sinn. Vielleicht soll es mich stärker machen für mein Leben und spätere Herausforderungen, die ich sonst nicht meistern könnte. Ich habe mal gelesen, dass das Schicksal immer nur so viel gibt, wie man selbst auch verkraften kann. Eine Erklärung dafür, wieso ich niemals brach, sondern immer nur beinahe. Vielleicht ist es gut so, wie es ist und ich werde es irgendwann auch so sehen. So viele Vielleichts. Vielleicht wird alles viel leichter. Vielleicht wird alles vielleichter.

Lea

Ich habe das Gefühl, dich nie wirklich gekannt zu haben, obwohl wir so viel miteinander teilten. Ich habe nie von deinem Liebeskummer erfahren, von deinen Eltern oder von der Schule und doch bedeutest du mir so viel. Du hast mir damals geholfen, einfach weil du da warst. Ein dummer Streit, ich weiß nicht mal mehr wieso, trennte uns für immer und ich sollte nie die Chance bekommen, mich bei dir zu entschuldigen. Am 22.08.2014 kurz nach 1 Uhr blieb die Welt für einen Augenblick stehen. Ich erfuhr es durch andere Freunde, die traurige Nachrichten an deine imaginäre Pinnwand posteten, aber du würdest diese nie lesen können. Ein Überholmanöver sei schief gegangen, hieß es. Fahrer schwer verletzt im Krankenhaus, die Beifahrerin konnte nur noch tot geborgen werden. Auto streift Auto und der Opel rast mit hohem Tempo auf einen Baum zu. Du warst 16, Lea. 16. Du wirst für immer in meinem Herzen sein. Oft fahre ich an deinem Kreuz an der Straße vorbei, an welcher damals der Unfall war. Es stehen immer frische Blumen dort.

- Du wirst niemals vergessen werden

Leere im Bauch

Im Vorlesungssaal sitzen und auf die Uhr starren, den Arm fest um den Bauch gelegt. Immer, wenn er zu knurren beginnt, den Arm fester drücken, bis es aufhört. Die Minuten verstreichen so langsam und die Angst, dass jemand das Bauchknurren hören könnte, wächst stetig. Endlich vorbei und ab nach Hause. Aber gegessen wird nicht. Man hat ja erst vor der Vorlesung gegessen, um nicht ganz hungrig die Wohnung zu verlassen. Wobei, hungrig ist man eigentlich nicht. Eigentlich isst man nur, weil das Bauchknurren sonst zu peinlich wäre. Aber Zuhause hört das ja niemand. Leere im Bauch, Tag ein Tag aus. Mal hier und da ein Knäckebrot oder ein großes Glas Wasser, aber das wars. Den ganzen Tag nichts essen, damit man sich am nächsten Morgen stolz vor den Spiegel stellen kann und betrachtet, wie dünn man geworden ist. So ist der morgendliche Anblick etwas erträglicher, aber hier könnte noch ein bisschen Speck weg und an dieser Stelle könnte man noch etwas dünner sein. Und die Folge davon ist: wieder nichts essen. So geht das Tag ein, Tag aus, bis man merkt, wie einem die körperliche Stärke fehlt. Aber hey, was tut man nicht alles für ein „Du bist aber dünn geworden."

Brief an Jessica

Ich weiß, dass du das hier niemals lesen wirst, aber dennoch muss ich es mir von der Seele schreiben. Seitdem ich dich kenne, bist du wie eine Schwester für mich. Nichts konnte uns trennen und Streit gab es kaum. Du wusstest immer, wie du mich aufmuntern konntest. Du weißt so viel über mich und ich habe dir immer blind vertraut. Und dennoch möchtest du all das nicht hören, sondern versteckst dich lieber in deiner neuen Zahnarztwelt. Vielleicht sind wir doch keine Freunde bis ans Ende unserer Tage. Ich hatte gehofft, wir würden uns, wenn wir alt und faltig sind, in Paris oder London oder Wien auf einem Balkon wiederfinden, mit Sekt in der einen Hand und wir würden über all die Dummheiten lachen, die wir gemacht haben, als wir noch jung waren. Aber dafür fehlt uns die Chance, denn wir sind keine Freunde mehr. Ich weiß nicht, wann du dich von mir entfernt hast und noch viel schlimmer, wie es dazu kam. Liebeskummer ist schlimm, ja. Aber nichts ist mit dem Schmerz vergleichbar, wenn man seine beste Freundin verliert. Wenn die beste Freundin zu einer Fremden wird. Einfach so.

Tom starrte in die Ferne und seufzte: „Weil meine Mutter sich nicht von ihm trennen kann. Sie glaubt immer noch an das Gute in ihm." Er öffnete das *Beck's* und trank. „Ich weiß, dass ich dich nicht wirklich aufmuntern kann, aber ich möchte, dass du weißt, dass du immer auf mich zählen kannst." Julia legte ihre Hand auf seine Schulter. „Das weiß ich", antwortete Tom und lächelte, während er immer noch in die Ferne starrte. „Das musste ich dir einfach wieder sagen, damit du weißt, dass du nicht allein bist." Er antwortete nicht. Julia hob ihren Kopf und betrachtete den Himmel. Keine einzige Wolke war zu sehen, sodass es ihr vorkam, als würden die Sterne in dieser Nacht mehr funkeln als sonst. In Nächten wie dieser hatten sie oft auf dem Dach gesessen, *Beck's* getrunken und gelacht. Sie hatten sich Geschichten erzählt, Sternbilder gesucht und waren wunschlos glücklich gewesen. Doch von dieser Unbekümmertheit war im Moment keine Spur. „Schon gut", sagte Tom. Er drehte seinen Kopf zu Julia und sah ihr direkt in die Augen. Danach lächelte sie herausfordern: „*Beck's* auf ex?" „*Beck's* auf ex", stimmte Tom zu. Sie stießen an und tranken. Es war von vorne herein klar gewesen, dass Julia das Wetttrinken gewinnen würde. Sie hatte kein Problem damit, ein Bier in nur wenigen Zügen zu leeren. Trotzdem versuchte es Tom immer wieder. „Tja, ich bin eben einfach die Beste." Julia zuckte mit den Schultern und lachte. Tom beobachtete sie dabei und lächelte: „Das bist du. Das bist du wirklich."

- eine Geschichte, die ich nie zu Ende schrieb

Das Zeichen

Wenn du bis hierhin gelesen hast, ist das dein Zeichen. Dein Zeichen dafür, endlich deinem Schwarm zu schreiben, den du schon seit Wochen heimlich anhimmelst. Ein Zeichen dafür, dich aus dieser Freundschaft zu lösen, die dich seit Jahren auffrisst, aber du Angst davor hast, keine anderen Freunde zu finden. Das ist dein Zeichen, dich endlich von deinem toxischen Partner zu trennen, denn er wird sich niemals ändern. Ganz egal, wie oft er das auch behaupten mag. Ruf deine Mutter an. Melde dich bei deiner besten Freundin, wenn du sie vermisst.

Dies hier ist ein Zeichen dafür, dass du stolz auf dich sein kannst, dass du dich heute nicht selbst verletzt hast, obwohl du dauernd daran denkst. Dass du stark und mutig und gut genug bist, auch wenn sich manche Tage schwerer anfühlen. Was auch immer für Herausforderungen dir das Leben stellt und egal, was du gerade durchmachst. Du kannst es schaffen und du wirst es schaffen. Auch wenn es dir manchmal schwerfällt, daran zu glauben, bist du ein starker, einzigartiger und liebenswerter Mensch, der nichts anderes verdient hat, als sein Glück zu finden. Und falls es dir schon lange niemand mehr gesagt hat: Ich bin stolz auf dich!

Nachwort

Nachtsohnelicht ist viel mehr als nur ein Buch für mich. In jedem Text, in jeder Zeile steckt ein Teil von mir. Knapp 100 Seiten pures Ich. Der Grund dafür ist, dass die meisten Texte auf wahren Begebenheiten basieren und ich in ihnen meine wirklichen Gedanken und Ereignisse verarbeitet habe. Der Schmerz war echt und ich habe daraus ein Buch gemacht. Das kann ich immer noch nicht so richtig fassen, bin aber unglaublich stolz darauf. Ich hoffe, dass ich Menschen, die sich in meinen Geschichten wiederfinden, helfen kann. Dass sie sich verstanden fühlen und merken, dass sie nicht allein mit ihren Gefühlen sind. Dieses Buch war ein Jahr lang, in dem wirklich viel schief gelaufen ist, eine Therapiemöglichkeit für mich. Egal ob Liebeskummer, Essverhalten oder Konflikte mit Freunden, ich habe immer alles aufgeschrieben. Daher möchte ich auch allen Menschen danken, die mich im vergangenen Jahr verletzt haben. Durch euch sind meine besten Texte entstanden. Durch euch habe ich viel gelernt und bin gewachsen. Ich wünsche euch alles Gute der Welt und hoffe, ihr findet euer Glück, was auch immer das für euch sein mag: A, L, R und J.

Natürlich danke ich besonders meiner Familie, die mich, so gut es ging, unterstützt hat und mir immer wieder zeigt, wie stolz sie auf mich ist. Macht euch keine Sorgen, Mama und Papa: mir geht's gut.

Während ich mit meinem Buch auf nur wenig Interesse bei meinen Freunden stieß und sich eigentlich niemand so wirklich für mich freute, konnte ich zumindest immer auf meinen besten Freund Tobias Hummel und meine Freundin Elke Bachmann zählen. Danke, dass ich euch ständig mit Kleinigkeiten nerven durfte und ihr euch meine Sorgen angehört habt. Genauso danke ich meiner ehemaligen Deutschlehrerin Margit Geyling für die Unterstützung bei der Erstellung des Buches. Ohne sie wäre ich ziemlich aufgeschmissen gewesen.

Nachtsohnelicht mag vielleicht nicht viel Zuversicht und positive Gedanken vermitteln, aber ich tue es. Das Leben ist nicht immer einfach oder gar fair, aber es kommt darauf an, was wir daraus machen. Ich glaube daran, dass alles aus einem bestimmten Grund passiert und zwar genau dann, wenn es das Schicksal so will. Was zusammen gehört, wird irgendwann zusammen finden und an jeder Enttäuschung werden wir wachsen. Manchmal muss es erst schlechter werden, bevor es besser werden kann. Ihr könnt den Regenbogen ja auch nicht ohne Regen sehen.

- in Liebe, Lena-Elea

Über die Autorin

Lena-Elea Hopf ist eine 20-Jährige Autorin aus Deutschland, die es schon immer liebte zu schreiben. Ihr großer Traum vom eigenen Buch ist hiermit in Erfüllung gegangen. Sie würde sich zwar selbst nie als Schriftstellerin bezeichnen, ist aber dennoch sehr stolz auf ihre Texte, da sie voller Emotionen und Herzblut stecken. Damit lädt sie den Leser zu einer Reise durch ihre innere Gefühlswelt ein, die von Herzschmerz über Enttäuschungen bis hin zu Problemen mit dem eigenen Körper reicht. Dabei verliert sie aber nie die Hoffnung auf Veränderung und gibt die Suche nach der großen Liebe nicht auf. Lena liebt es, Sonnenuntergänge zu beobachten, Kaffee zu trinken und gute Bücher zu lesen. Wenn sie könnte, würde sie viel öfter Kunstausstellungen besuchen und in Paris ihren Rotwein auf einem kleinen Balkon genießen. Wenn Sie in Kontakt mit ihr treten möchten, können Sie ihr sowohl auf Instagram als auch auf Tumblr folgen, die beide „nachtsohnelicht" heißen. Sie können ihr aber auch eine E-Mail schreiben unter nachtsohnelicht@gmail.com.